Das Buch

»Manche sagen mir, ich sei berühmt.
Warum sitze ich dann hier, allein und betrunken, und schreibe Gedichte um 3 Uhr 18?«

Diese ganze altmodische Poesie solle man auf den Misthaufen werfen und nach vorn blicken, meint Charles Bukowski. Ein Gedicht muß von Sinn und Mitgefühl erfüllt sein, und jeder muß es verstehen können, der Mann auf der Straße und Bukowskis Lebensmittelhändler um die Ecke auch.

Der Autor

Charles Bukowski, am 16. August 1920 in Andernach geboren, seit dem 2. Lebensjahr Einwohner von Los Angeles, begann nach wechselnden Jobs als Tankwart, Schlachthof- und Hafenarbeiter und natürlich Postmann zu schreiben. Einige Werke: ›Aufzeichnungen eines Außenseiters‹ (dt. 1970), ›Das ausbruchsichere Paradies. Stories vom verschütteten Leben‹ (dt. 1973), ›Der Mann mit der Ledertasche‹ (dt. 1974), ›Kaputt in Hollywood – und andere Stories vom täglichen Wahnsinn‹ (dt. 1976), ›Faktotum‹ (dt. 1977), ›Western Avenue. Gedichte aus über 20 Jahren‹ (dt. 1979), ›Das Schlimmste kommt noch oder Fast eine Jugend‹ (dt. 1983), ›Gedichte vom südlichen Ende der Couch‹ (dt. 1984), ›Nicht mit sechzig, Honey‹ (dt. 1986), ›Hollywood‹ (dt. 1990).

Charles Bukowski:
Die Girls im grünen Hotel

51 Gedichte

Herausgegeben und übersetzt
von Carl Weissner

Deutscher
Taschenbuch
Verlag

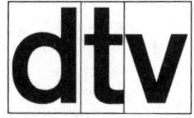

Von Charles Bukowski
sind im Deutschen Taschenbuch Verlag erschienen:
Gedichte die einer schrieb bevor er im 8. Stockwerk
aus dem Fenster sprang (1653)
Faktotum (10104)
Pittsburgh Phil & Co. (10156)
Ein Profi (10188)
Das Schlimmste kommt noch (10538)
Gedichte vom südlichen Ende der Couch (10581)
Flinke Killer (10759)
Nicht mit sechzig, Honey (10910)
Das Liebesleben der Hyäne (11049)
Hot Water Music (11462)
Western Avenue (11541)
Hollywood (11552)
Roter Mercedes (11780)
Der Mann mit der Ledertasche (11878)
Jeder zahlt drauf (11991)

September 1993
2. Auflage März 1996
Deutscher Taschenbuch Verlag GmbH & Co. KG,
München
© 1977, 1978, 1979 Charles Bukowski
© 1982 für die deutschsprachige Übersetzung:
Zweitausendeins, Frankfurt am Main, unter dem Titel
›Eine Kinoreklame in der Wüste‹
© 1985 Verlag Kiepenheuer & Witsch, Köln
ISBN 3-462-01708-x
Umschlaggestaltung: Celestino Piatti
Gesamtherstellung: C. H. Beck'sche Buchdruckerei,
Nördlingen
Printed in Germany · ISBN 3-423-11731-1

Inhalt

Außenseiter-Wette 7
Versprechen 9
Hände weg von den Girls 11
Sonnenbrille. 13
Kannst dir die Haare raufen 15
Ein dummer Patzer mit schlimmen Folgen 17
Wieder mal totgesagt 19
Hawley geht ne Woche weg 21
Und den Hintern wischt er sich auch nicht rich-
    tig ab 23
Bienenstich 24
Mehr ist nicht drin 26
Das Mädchen von der Bushaltestelle 28
Retour 31
Ein reizendes Paar 32
Mal was anderes 33
Obergefreiter 36
Überfall 38
Angenommen, Sie würden kreatives Schreiben
    unterrichten – Was würden Sie Ihren Studen-
    ten sagen? 40
Die Erfinder des guten Lebens 42
Der Grieche 44
Auch eine Möglichkeit wie man sich das Rau-
    chen abgewöhnen kann 46
Dollars 48
Siesta und Angst vor dem Sterben 52
Verrückt wie eh und je 54
Unterwegs mit Ludwig 56
Hangdog Harry 57
Der Puff sah nicht schlecht aus 59
Ein Lichtblick 60

Kalte Pflaumen 61
Picknick 63
Der gute Verlierer 65
Die Girls im grünen Hotel 67
Schon besser 69
Ein Schiß am Meer 72
Wahnsinn 75
Bier 78
Mein Alter 80
Angst 83
Überall kleine Tiger 85
Kraniche 87
Ruppige Gesellschaft 88
Ideale 91
Feuerwache 93
Ein Streit wegen Marschall Foch 101
Ich liebe Dich 103
2347 Duane 105
Junk 108
Ersatzhandlung 110
Unheimliche Begegnungen der üblichen Art . . . 112
Ich mochte ihn 114
Eins für den Schuhputzer 115

Außenseiter-Wette

Sie ist nichts für dich, Mann,
sie ist nicht dein Typ. Sie ist
ramponiert, sie ist verbraucht,
sie hat lauter schlechte An-
gewohnheiten, sagte er mir
zwischen zwei Rennen.

Ich setze auf die Nr. 4,
sagte ich. Weißt du, ich
stell mir halt vor, ich kann
sie vielleicht ändern. Sie
retten, sozusagen.

Du kannst sie nicht retten,
sagte er. Du bist 55, du brauchst
was fürs Gemüt. Ich werde
auf die 6 setzen. Du bist nicht
der Typ, der sie retten kann.

Wer soll's denn dann tun?, fragte
ich. Ich glaube nicht, daß die
6 eine Chance hat. Ich halt
mich an die 4.

Die braucht einen, der sie quer
durchs Zimmer prügelt und sie
in den Arsch tritt, sagte er.
Sollst mal sehn, wie dankbar
sie dafür ist. Sie wird zuhause
bleiben und das Geschirr spülen.
Die 6 mischt vorne mit.

Weiber verprügeln ist nicht
meine Stärke, sagte ich.

Dann vergiß sie, sagte er.
Fällt mir aber schwer, sagte ich.

Er stand auf und setzte auf die 6
und ich stand auf und setzte
auf die 4. Das Pferd mit der Nr. 5
siegte mit 3 Längen, bei 15:1.

Sie hat rote Haare, sagte ich.
Wie Blitze aus dem Himmel.

Vergiß sie, sagte er.

Wir zerrissen unsere Wettscheine
und starrten auf den See, den
der Regen mitten auf dem Renn-
platz gemacht hatte.
Es sah nach einem
langen Nachmittag
für uns beide aus.

Versprechen

Sie beugte sich über den Bett-
rand und klappte die Bildermappe
auf, die an der Wand lehnte. Wir
waren am Trinken.
Sie sagte: »Diese Bilder da
hast du mir mal versprochen,
weißt du nicht mehr?«
»Was? Nein. Nein, ich kann mich
nicht entsinnen.«
»Doch, hast du«, sagte sie, »und
deine Versprechen solltest du
auch halten.«
»Laß die verdammten Bilder in
Ruhe«, sagte ich.
Ich ging in die Küche, um mir
ein neues Bier zu holen, über-
gab mich kurz, und als ich
wieder reinkam, sah ich durchs
Fenster, wie sie draußen den
Weg hochging zu ihrer Wohnung.
Sie hatte es offenbar eilig,
und auf dem Kopf balancierte sie
meine 40 Bilder:
Ölfarben
schwarz-weiß
Acryl- und
Wasserfarben.
Einmal stolperte sie und wäre
fast auf den Arsch gefallen.
Dann rannte sie die Treppe zu
ihrer Wohnung hinauf, mit all
diesen Bildern auf dem Kopf, und

verschwand durch die Tür.
Es war ein selten komischer
Anblick.
Naja, dachte ich, jetzt
muß ich eben 40 neue
malen.

Hände weg
von den Girls

Sie ist oben bei meinem Arzt
und will sich Schlankheits-
pillen verschreiben lassen.
Sie ist nicht zu dick, sie
hat es nur auf Speed abgesehen.
Ich geh die Straße runter,
in die nächste Bar, und warte.
Es ist Dienstag, nachmittags
halb drei.

Außer mir ist nur noch
ein Mann in der Bar. Sie haben
eine Oben-Ohne-Tänzerin,
die sich verrenkt wie ein Affe
und sich dabei im Barspiegel
betrachtet. Schwarzes Haar.
Koreanerin.

Sie ist nicht besonders gut.
Sehr dürr und eindeutig.
Sie streckt mir die Zunge heraus,
dann auch dem anderen Gast.

Müssen wirklich schwere
Zeiten sein, denke ich.

Ich trinke noch einige Biere,
dann stehe ich auf.
Sie winkt mich zu sich her.
»Du gehst?«, fragt sie.

»Ja«, sage ich. »Meine Frau
hat Krebs.«

Ich schüttle ihr die Hand.

Sie zeigt auf ein Schild, das
hinter ihr über der Bar hängt:
HÄNDE WEG VON DEN GIRLS.

Sie zeigt darauf und sagt:
»Da steht Hände weg von
den Girls.«

Ich gehe zurück zum Parkplatz
und warte dort weiter.
Sie kommt heraus.
»Hast du die Pillen gekriegt?«,
frage ich.
»Ja«, sagt sie.
»Na, dann hat sich der Tag ja
gelohnt.«

Ich versuche, mir die Tänzerin
in meiner Küche vorzustellen.
Es geht irgendwie nicht. Nein,
ich werde genauso allein
sterben wie ich gelebt habe.

»Fahr mich nach Hause«, sagt sie.
»Ich muß mich umziehen für meinen
Kurs an der Abendakademie.«

»Klar«, sage ich und fahre sie
hin.

Sonnenbrille

Ich setze mir sonst nie
eine Sonnenbrille auf, aber
diesmal hatte die Rothaarige
am Hollywood Boulevard ein
Rezept einzulösen, und sie
war bissig und pampig und
nervte mich in einer Tour.
Ich ließ sie am Apotheken-
schalter stehen, sah mir die
Regale durch, nahm mir eine
große Tube *Crest* Zahnpasta und
eine Riesenflasche *Joy* herunter.
Dann ging ich an den Drehständer
mit den Sonnenbrillen und suchte
mir das gemeinste Exemplar aus.
Wir bezahlten unsere Sachen,
gingen die Straße runter
in eine mexikanische Bude, und
sie bestellte sich einen Taco
den sie nicht essen konnte
und nörgelte und blaffte und
fauchte mich an. Als ich
gegessen hatte, bestellte ich
mir drei Biere und trank sie
runter. Dann setzte ich meine
Sonnenbrille auf.
»O Gott«, sagte sie. »O Gott,
shit!« Und ich sagte ihr die
Meinung – zähnefletschende
stinkende Marmelade-Salven,
Shit-Klatscher, Fürze aus der
Hölle. Dann stand ich auf und

zahlte im Rausgehen. Sie
folgte mir nach draußen. Vor
unseren beiden Sonnenbrillen
stoben die Passanten links und
rechts auseinander. Wir fanden
ihren Wagen wieder, stiegen ein,
fuhren los. Ich hockte da,
schob mir die Brille auf
die Nase hoch, riß ihr die
Wirbelsäule raus und schwenkte
sie aus dem Seitenfenster
wie eine kaputte Fahnenstange
der Konföderierten. Eine
finstere gemeine Sonnenbrille
wirkt manchmal Wunder.
»O Gott. Shit!«, sagte sie
und die Sonne knallte
herunter, ohne daß ich
etwas davon sah.

Für $ 4.25 war das ein guter
Kauf. Obwohl ich *Crest* und
Joy in dieser Taco Bude
vergessen hatte.

Kannst dir die Haare raufen

Ich bin nur gekommen, sagt sie,
um dir zu sagen, daß es aus
ist. Ich mach keine Witze. Aus
und vorbei.

Ich sitze auf der Couch und
seh ihr zu, wie sie in meinem
Schlafzimmer vor dem Spiegel
ihr langes rotes Haar arrangiert.
Sie bauscht es hoch und
türmt es sich auf den Kopf.
Läßt es geschehen, daß unsere
Augen sich im Spiegel begegnen.
Läßt das Haar wieder los, so daß
es ihr nach vorn über das
Gesicht fällt.

Wir legen uns aufs Bett, und ich
halte sie, sprachlos, von hinten,
meinen Arm um ihren Hals, ich
berühre ihre Hände, ihre Hand-
gelenke, streiche an den Armen
hoch, bis zu den Ellbogen, nicht
weiter.

Sie steht auf.

Es ist aus, sagt sie. Kannst dir
die Haare raufen. Hast du hier
irgendwo Gummiringe?

Ich weiß nicht.

Hier ist eins, sagt sie. Das
wird gehen. Also, ich
geh jetzt.

Ich stehe auf und
bringe sie zur
Tür.

Im Weggehen sagt sie:
Ich möchte, daß du mir
ein Paar Stöckelschuhe
kaufst. Mit ganz hohen
Pfennigabsätzen. Schwarze.
Nein, lieber rote.

Ich seh ihr nach, wie sie
unter den Bäumen den betonierten
Weg runtergeht. Auch barfuß
hat sie einen beachtlichen Gang.
Und während die Poinsettias
in der Sonne schwitzen,
schließe ich die Tür.

Ein dummer Patzer mit schlimmen Folgen

Ich griff in den Wandschrank
oben rein und bekam einen
blauen Slip zu fassen. Ich
zeigte ihn ihr und fragte:
»Ist der von dir?«

Sie sah kurz her. »Nein,
der ist von nem Hund«,
sagte sie und ging.

Seither hat sie sich nicht
mehr blicken lassen. Sie
ist nicht in ihrer Wohnung.
Immer wieder gehe ich hin
und stecke ihr einen Zettel in die
Tür. Jedesmal, wenn ich zurück-
komme, ist der Zettel noch da.
Ich schneide das Malteser-
kreuz ab, das am Innenspiegel
meines VW baumelt, und binde
es ihr an den Türknauf, lasse
einen Band Gedichte da. Am
nächsten Abend ist alles noch da.

Ich suche die Straßen ab
nach diesem weinroten Schlacht-
schiff, das sie fährt – mit
einer schwachen Batterie und
klappernden Türen, die nur noch
lose dranhängen.

Ich fahre durch die Straßen,
ein Brennen in den Augen, und
schäme mich, daß ich so
sentimental und wahrscheinlich
verliebt bin.

Ein konfuser alter Mann
der durch den Regen fährt
und sich fragt, wo sein
Glück geblieben ist.

Wieder mal totgesagt

Eine Frau sagte es einem
Mann, den sie vom Flugzeug
abholte: Daß ich angeblich
gestorben bin.
Als nächstes brachte eine
Zeitschrift die Meldung,
ich sei tot. Dann sagten
welche, sie hätten gehört,
ich sei tot. Und dann
schrieb jemand einen
Nachruf und klagte: Unser
Rimbaud, unser Villon ist
tot. Gleichzeitig ver-
öffentlichte ein ehemaliger
Saufkumpan von mir einen
Artikel, in dem er behauptete
ich könnte nicht mehr schreiben.
Ein richtiger Judas-Job.
Sie können es nicht erwarten
daß ich verschwinde, diese
Scheißer. Well, ich höre
mir gerade das Klavierkonzert
Nr. 1 von Tschaikowski an
und die Ansagerin hat gesagt
daß anschließend die Fünfte
und die Zehnte von Mahler als
Direktübertragung aus Amsterdam
kommen, und die Bierflaschen
stehen auf dem Boden, und die
Asche von meinen Zigaretten
sammelt sich auf meinem Bauch
und meiner Unterhose, und ich

habe meinen sämtlichen Freundinnen
gesagt, sie sollen sich zum Teufel
scheren, und sogar das hier
ist als Gedicht immer noch besser
als alles, was diese Totengräber
je schreiben werden.

Hawley geht
ne Woche weg

Dieser Kerl da,
er hat ein irres Auge
und ist braun, ganz
dunkelbraun vom Herum-
lungern an der Ecke
Hollywood und Western
und auf der Rennbahn,
er sieht mich und sagt:
»Hey, Hawley verschwindet
für ne Woche aus der Stadt.
Er versaut mir immer meine
Wetten. Jetzt hab ich eine
Chance.«

Er grinst, er meint es
ernst – Wenn er Hawley
aus dem Weg hat, wird er sein
Traumziel schaffen:
Das Schloß in den Hollywood
Hills, Mädchen, die ihm
was vortanzen, sechs
Schäferhunde, eine Zugbrücke
und zehn Jahre alter
Wein.

Sam der Bordellpächter kommt
vorbei, und ich sage ihm
daß ich zur Zeit auf der
Rennbahn 150 Dollar pro Tag
einstreiche. »Ich arbeite

direkt nach der Anzeigetafel«,
sage ich.
»Ich brauch eine«, sagt er,
»die es einem Typ mit der
Gürtelschnalle besorgt,
ohne daß sie mir hinterher
mit diesem christlichen
Bullshit ankommt und den
Moralischen kriegt.«

»Hawley geht ne Woche weg«,
sage ich.
»Wo ist der Shoe?«,
fragt er.
»Reitet im Moment an der
Ostküste«, sagt ein alter
Mann, der dabeisteht. Er
hat eine weiße Plastik-
klappe über dem linken Auge,
mit kleinen Löchern drin.

»Na, dann hat Pinky freie
Bahn«, sagt der Dunkelbraune.

Wir stehen da und sehen
einander an. Dann, wie auf
ein unsichtbares Signal,
drehen wir uns um und
setzen uns in Bewegung,
jeder in eine andere
Richtung. Norden, Süden,
Westen, Osten. Jeder
ein bißchen gescheiter.

Und den Hintern
wischt er sich auch
nicht richtig ab

Ich höre sie draußen:
»Tippt der immer bis
in die Nacht?«
»Nein, sonst eigentlich nie.«
»Er sollte so spät nicht
mehr tippen.«
»Kommt eigentlich ganz
selten vor.«
»Trinkt er?«
»Ich glaube, ja.«
»Gestern ist er an seinen
Briefkasten gegangen und
hatte nur ne Unterhose an.«
»Ja, ich hab ihn auch
gesehn.«
»Er hat überhaupt keine
Freunde.«
»Er ist alt.«
»Er sollte so spät nicht
mehr tippen.«

Sie gehen rein. Es fängt an
zu regnen. Einen halben Block
entfernt knallen 3 Schüsse.
Einer der Wolkenkratzer in
downtown L.A. gerät in Brand.
25 Fuß hohe Flammen schlagen
heraus und künden das
Ende an.

Bienenstich

Wie alle Jungs, nehme ich an,
hatte auch ich einen in der
Nachbarschaft, der mein
bester Freund war.
Er hieß Eugene, war größer
als ich und ein Jahr älter.
Eugene verkloppte mich immer
nach Strich und Faden. Wir
prügelten uns ständig.
Ich legte mich immer wieder
mit ihm an, aber ohne viel
Erfolg.

Einmal sprangen wir gemeinsam
von einem Garagendach. Eine
Mutprobe. Ich verstauchte mir
den Fuß, und er stand sauber
wieder auf, wie ein frisch
verpacktes Stück Butter.

Ich glaube, das einzig Gute
was er je für mich getan hat
war das mit der Biene, die mich
stach, als ich mal barfuß war.
Als ich mich hinsetzte und den
Stachel rauszog, sagte er:
»Das Scheißvieh mach ich fertig!«

Tat er auch. Mit einem Tennis-
schläger und einem Gummihammer.
Das machte nichts. Es heißt,
die sterben dann sowieso.

Mein Fuß schwoll auf doppelte
Größe an, und ich lag im
Bett und hoffte, ich würde
daran sterben.

Eugene wurde später Admiral
oder Commander oder sonst ein
großes Tier in der U.S. Navy
und machte ein oder zwei
Kriege durch, ohne einen
Kratzer.

Ich stelle ihn mir jetzt vor,
als alten Mann, in einem
Schaukelstuhl, mit seinem
Gebiß und einem Glas Butter-
milch ...

während ich, stark angeheitert,
Stinkfinger mache bei einem
19jährigen Groupie, das bei mir
im Bett liegt.

Aber das Dumme ist (wie bei
dem Sprung vom Garagendach):
Eugene gewinnt schon wieder
– weil er nicht einmal
an mich denkt.

Mehr ist nicht drin

Da kommt der singende Fischkopf
Da kommt die Bratkartoffel in
    Verkleidung
Da kommt: Den-ganzen-Tag-nichts-zu-tun
Da kommt: Wieder-eine-schlaflose-Nacht

Da kommt der falsche Klingelton
– aus dem Telefon

Da kommt eine Termite mit einem Banjo
Da kommt eine Fahnenstange mit
    leeren Augen
Da kommen Hund und Katze mit
    Nylons an den Beinen

Da kommt ein MG und singt dir ein Lied
Da kommt verkohlter Schinken in der
    Pfanne
Da kommt eine Stimme, die etwas
    Langweiliges sagt

Da kommt eine Zeitung, ausgestopft mit
    kleinen roten Vögeln, die flache
    braune Schnäbel haben

Da kommt eine Fotze und
    schwenkt eine Fackel
    eine Handgranate
    eine tödliche Liebe

Da kommt der Sieg mit einem Eimer Blut
    und stolpert über den Holunderbusch

Und die weißen Tücher hängen aus den
    Fenstern
Und die Bomber fliegen in alle Himmels-
    richtungen, verirren sich, werden
    hochgeworfen wie Salatblätter
Und sämtliche Fische im Meer konvergieren
    und bilden eine einzige lange Linie
    eine sehr lange schmale Linie
    die längste, die man sich vor-
    stellen kann

Da kommen wir vom Weg ab, verirren uns
    zwischen violetten Bergen

Da gehn wir, richtungslos, am Ende
    nackt und blank wie Messerklingen

Wir haben alles gegeben, haben es
    ausgespuckt wie den unverhofften
    Kern in einer Olive

Während das Girl vom Antwortdienst
    uns wütend ins Ohr schreit:
    »Rufen Sie hier nicht nochmal an!
    Sie hören sich an wie ein Arschloch!«

Das Mädchen von der
Bushaltestelle

Ich sah sie, als ich auf der
Überholspur des Sunset Boulevard
in östlicher Richtung fuhr.
Sie saß auf der Bank,
die Beine locker übereinander,
und las ein Taschenbuch.
Stammte wohl aus Italien oder
Griechenland. Oder Indien.
Ich mußte an einer Ampel
halten, und ab und zu
blies ihr ein Windstoß
den Rock hoch. Ich war direkt
gegenüber von ihr und sah ihr
zwischen die Schenkel rein.
So etwas von makellos perfekten
Beinen hatte ich noch nie
gesehen. Ich bin sonst eher
gehemmt, aber diesmal starrte
und starrte ich, bis der Mensch
im Wagen hinter mir auf die
Hupe drückte.

So ein starkes Erlebnis war es
bis dahin noch nie gewesen.
Ich fuhr um den Block, dann
auf den Parkplatz des Supermarkts
direkt gegenüber von ihr
und starrte durch meine Sonnenbrille
wie ein Schuljunge in seiner
ersten Erregung.

Ich prägte mir ihre Schuhe ein
ihr Kleid
ihre Strümpfe
ihr Gesicht.
Autos fuhren vorüber und
blockierten mir die Sicht.
Dann sah ich sie wieder.
Der Wind flippte ihr den Rock
über die Schenkel hoch
und ich fing an, mein Ding
zu massieren.
Kurz vor dem Bus
kam es mir.
Ich roch meinen Saft,
spürte ihn, naß, durch die
Hosen.

Es war ein häßlicher
weißer Bus, und er
nahm sie mir weg.

Ich fuhr vom Parkplatz
herunter und dachte:
Ich bin ein Spanner.
Aber wenigstens habe
ich mich nicht unsittlich
entblößt.

Na schön, bin ich eben
ein Spanner. Aber
warum tun die das? Warum
sehen sie so aus?
Warum lassen sie den Wind
so etwas tun?

Zuhause zog ich mich aus,
nahm ein Bad, stieg aus
der Wanne, frottierte mich
ab, stellte die Nachrichten
an und wieder aus
und schrieb
das hier.

Retour

Langsam werde ich wieder so
wie ich früher war – da
schraubte ich die Bodenplatte
des Telefons ab und stopfte
Lumpen rein, und wenn jemand
an die Tür klopfte, ging ich
nicht hin, und wenn sie
hartnäckig blieben, wurde ich
vulgär und schrie, sie sollten
abhauen.

Bloß ein alter Sonderling
mit goldenen Flügeln,
einem wabbeligen weißen Bauch
und Augen, vor denen die Sonne
in Ohnmacht fällt.

Ein reizendes Paar

Ich mußte dringend aufs Klo,
ging aber statt dessen in
diesen Laden, um mir einen
Schlüssel machen zu lassen.
Die Frau steckte in einem
Baumwollkleid und roch wie
eine Bisamratte.
»Ralph!«, brüllte sie nach
hinten, und ein altes Schwein
in einem geblümten Hemd und
Kinderschuhen kam heraus.
»Der Mann da will'n Schlüssel«,
sagte sie.
Mißmutig fing er an zu schleifen.
Schmierige Schatten glitten
durch die Luft. Es stank nach
Urin. Ich schob mich am
Ladentisch entlang, zeigte
auf etwas unter Glas und
rief die Alte her.
»Geben Sie mir das da.«
Sie gab es mir: Ein Schnapp-
messer in einem blaßvioletten
Futteral. $ 6.50 plus MwSt.
Der Schlüssel kostete
praktisch nichts.
Ich ließ mir das Wechselgeld
geben und ging hinaus auf
die Straße. Manchmal braucht man
auch solche Menschen.

Mal was anderes

Ich hatte dieses Zimmer
an der DeLongpre Avenue.
Dort saß ich jeden Tag,
stundenlang, und sah
aus dem Fenster. Allerhand
Girls kamen vorbei und
wackelten mit ihren Sachen.
Das half an diesen
Nachmittagen. Eine angenehme
Dreingabe zu Bier und
Zigaretten.

Eines Tages bekam ich
etwas ganz anderes zu sehen.
Das heißt, zuerst hörte
ich es.
»Komm schon«, sagte
einer. »Schieb!«
Dann kam es: Ein langes
Brett, etwa einen dreiviertel
Meter breit und zweifünfzig
lang; vorne, hinten und in
der Mitte auf Rollschuhe
geschraubt.
Er ging vorne und zog es
an zwei langen Seilen
und sie schob von hinten
und steuerte das Gefährt.
Sie hatten ihre ganze Habe
auf dem Brett. Töpfe,
Pfannen, Daunendecken, usw.
Alles festgezurrt auf

diesem Brett. Und die Rollen
eierten und knirschten.

Er war ein Weißer, ein
knochiger Südstaatler –
dürr, eingefallene Schultern,
die Hose rutschte ihm fast
über den Hintern, sein
Gesicht gerötet von Sonne
und billigem Wein.
Sie war Schwarze, hielt sich
kerzengerade, während sie
schob, eine märchenhafte
Schönheit, mit Turban,
langen grünen Ohrringen,
in einem gelben knöchellangen
Kleid, und ihr Gesicht
so gelassen, als könne sie
nichts auf der Welt
erschüttern.

»Mach dir keine Sorgen!«,
rief er und sah zu ihr
nach hinten. »Wir finden schon
jemand, der uns was vermietet!«

Sie gab keine Antwort.

Dann waren sie verschwunden.
Ich hörte nur noch das
Knirschen der Rollen.

Die werden es schaffen,
dachte ich.

Ich bin sicher, es
ist ihnen auch
gelungen.

Obergefreiter

Neulich haben sie meinen
Mann von der Straße geholt.
Er trug ein Sweatshirt
von den L.A. Rams
mit abgeschnittenen Ärmeln
und darunter ein Armee-
hemd mit den Streifen eines
Obergefreiten. Er war
Schwarzer, hatte einen sehr
aufrechten Gang, lief immer
in einer braunen Turnhose
herum, und auf seinem
blondgefärbten Kraushaar
saß ein grünes Käppi.
Er hat nie jemanden
belästigt, nur ab und zu
ein Baby gestohlen,
kichernd damit das Weite
gesucht, es aber jedesmal
wieder wohlbehalten zurück-
gebracht. Er schlief im
Hinterzimmer des Massage-
salons. Die Girls ließen ihn.
Mitgefühl findet sich an den
merkwürdigsten Orten.

Dann sah ich ihn plötzlich
nicht mehr. Am nächsten Tag
auch nicht. Ich erkundigte
mich nach ihm.

Meine Steuern sollen wieder
einmal erhöht werden. Der
Staat muß ihn jetzt unter-
bringen und verköstigen.
Die Cops haben ihn weg-
geschafft. Das ist
keine gute Lösung.

Überfall

Letzten Samstag hatte ich
eine Lesung in den Redwoods
hinter Santa Cruz, ich war
etwa ¼ fertig, da hörte ich
einen langen hohen Schrei
und eine recht attraktive
junge Dame kam nach vorn
gestürzt, in einem langen
wehenden Gewand, ein himmlisches
Feuer in den Augen. Mit einem
Satz war sie auf der Bühne
und schrie: ICH WILL DICH!
ICH WILL DICH! NIMM MICH!
NIMM MICH!
Ich sah sie an und sagte:
»Geh mir bloß weg hier.«
Aber sie warf sich auf mich
und riß an meinen Klamotten
herum. »Wo warst du«, fragte
ich sie, »als ich von einem
Riegel Schokolade pro Tag
gelebt und Short Stories an
Atlantic Monthly geschickt
habe?« Sie packte meine
Eier und drehte sie mir
fast ab. Ihre Küsse
schmeckten wie Dünnschiß.
Zwei Frauen sprangen auf
die Bühne und schleiften
sie hinaus in den Wald.
Ihre Schreie gellten durchs

Unterholz, während ich das
nächste Gedicht anfing.

Vielleicht, dachte ich,
hätte ich sie hier auf der
Bühne nehmen sollen, vor
aller Augen.

Aber man kann nie wissen:
Liegt es daran, daß die
Gedichte so gut sind,
oder hat sie nur einen
schlechten Trip.

Angenommen, sie würden
kreatives Schreiben
unterrichten – was würden
sie ihren Studenten sagen?

Ich würde sagen, ihr braucht eine
unglückliche Liebesaffäre, Hämorrhoiden,
schlechte Zähne und billigen Wein.
Macht einen Bogen um Golf und Schach
und die Oper und rückt euer Bett
jede Nacht an eine andere Wand.
Laßt euch auf noch eine unglückliche
Affäre ein. Benutzt nie ein Farbband
aus Seide. Drückt euch vor Picknicks
mit der Familie. Laßt euch nie
in einem Rosengarten fotografieren.
Lest Hemingway, aber nur einmal,
laßt Faulkner links liegen und
ignoriert Gogol. Aber Fotos von
Gertrude Stein solltet ihr anstarren
und Sherwood Anderson im Bett lesen
und Ritz-Cräcker dazu essen und
euch klarmachen, daß Leute, die von
sexueller Befreiung schwafeln,
mehr Angst haben als ihr. Hört euch
E. Power Biggs im Radio an, wie er
die Orgel bearbeitet, während ihr
euch eine Bull Durham dreht im
Dunkeln, in einer fremden Stadt,
nachdem ihr euch losgesagt habt
von Freunden, Verwandten und Jobs.
Haltet euch nicht für was Besseres,
haltet euch nicht für fair und
versucht es auch nie zu sein.

Laßt euch nochmal auf eine
unglückliche Affäre ein. Seht einer
Fliege zu, die in der Sommersonne
an einem Vorhang hochkrabbelt.
Hangelt nicht nach Erfolg, spielt
kein Billard, seid ehrlich empört
wenn ihr seht, daß euer Auto
einen Platten hat. Schluckt
Vitamintabletten, aber verkneift
euch Trimmen und Gewichtheben.

Und dann macht von allem das
Gegenteil. Leistet euch eine
glückliche Affäre. Und vielleicht
kommt ihr dahinter, daß niemand
etwas weiß – der Staat nicht,
die Mäuse nicht, auch nicht der
Gartenschlauch oder der Polarstern.
Und wenn ihr mich je dabei erwischt
daß ich kreatives Schreiben
unterrichte, und ihr lest mir
das hier vor, dann gebe ich euch
eine glatte Eins mitten in die
Fresse.

Die Erfinder des
guten Lebens

Wir wohnen in einem Haus,
7 oder 8 Mann hoch, und
teilen uns die Miete. Es
gibt eine Stereo-Anlage
die nie benutzt wird
und ein paar Bongotrommeln
die auch nie benutzt werden
und die Fenster sind mit
Teppichen verhängt und wir
kiffen was das Zeug hält
und die Kakerlaken stolpern
uns über die Hemdenknöpfe
und fallen links und rechts
herunter.

Es wird Abend, und jemand
hängt sich ans Telefon und
läßt Essen kommen. Dann wird
gegessen, und dann pennt jeder
ein, wo er gerade ist: auf
dem Boden, auf dem Tisch,
auf der Couch, im Bett, in
der Badewanne. Sogar draußen
im Busch liegt einer.

Dann wacht einer auf und sagt:
»Los, drehn wir uns noch'n Joint!«

Ein paar andere wachen auf.
»Yeah, klar, aber sicher!«
»Also, los, dann dreh mal

ein paar. Machen wir einen
drauf!«

»Yeah! Machen wir einen drauf!«

Wir rauchen ein paar Joints
und dann pennen wir weiter,
bloß daß sich einiges ver-
schoben hat: der von der
Badewanne auf die Couch, vom
Tisch auf den Teppich, vom
Bett auf den Boden, und draußen
stolpert jetzt ein anderer
in den Busch, und Patty Hearst
haben sie immer noch nicht
gefunden, und Tim will
nichts mehr mit Allen
zu tun haben.

Der Grieche

Der Kerl im vorderen Bungalow
kann kein Englisch, er ist
Grieche, sieht ziemlich
häßlich aus und wirkt
einigermaßen beschränkt.

Nun haben wir hier aber
einen Vermieter, der nebenbei
ein bißchen malt. Er ist
nicht besonders gut. Und
vor kurzem hat er dem
Griechen eines seiner Bilder
gezeigt.

Der Grieche ging los und
kaufte sich Papier, Pinsel,
Farben.

Der Grieche malt jetzt auch,
da vorne in seinem Bungalow.
Seine Bilder legt er draußen
zum Trocknen hin.

Der Grieche hat vorher noch
nie ein Bild gemalt. Hier
kommt es:
      eine blaue Gitarre
      eine Straße
      ein Pferd.

Er ist gut.
Er ist Mitte Vierzig

und er ist gut.
Er hat ein Spielzeug
gefunden. Er ist jetzt
ein glücklicher Mensch.

Ich frage mich, ob er
vielleicht *sehr* gut wird.
Und ob ich mir auch noch
den Rest mit ansehen muß:
Den Ruhm. Und die Frauen,
die Frauen, die Frauen, die
Frauen. Und seinen
Niedergang.

Ich kann sie schon riechen,
die Blutsauger, die sich
von links an ihn heran-
robben.

Ihr seht ja, ich selber
habe mich bereits an ihm
festgesaugt.

Auch eine Möglichkeit
wie man sich das Rauchen
abgewöhnen kann

Als Shirley in die Stadt kam
hatte sie ein gebrochenes Bein.
Sie lernte diesen Chicano kennen
der lange dünne Zigarillos
rauchte, und sie zogen zusammen
in eine Wohnung in der Beacon
Street, 5. Stock. Das Bein
war nicht groß im Weg, und
hinterher sahen sie immer fern
und Shirley kochte Essen, mit
Krücken und allem. Sie hatten
einen Kater namens Bogey und
einige Freunde, und man
unterhielt sich über Sport
und Richard Nixon und wie man
verdammt nochmal über die
Runden kommen sollte.
Das ging einige Monate gut,
Shirley kriegte sogar den
Gips abgemacht, und der
Chicano, Manuel, bekam einen
Job im Biltmore Hotel. Shirley
nähte ihm die Knöpfe seiner Hemden
wieder an, stopfte ihm die Socken
und sortierte sie, damit er nicht
zwei verschiedene anzog, und
eines Tages kam Manuel nach Hause
und sie war fort – kein Streit,
kein Abschiedsbrief, einfach

fort, mit ihren Kleidern und ihren
ganzen Sachen.
Manuel saß am Fenster und starrte
hinaus und erschien am nächsten
Tag nicht zur Arbeit, am über-
nächsten nicht und am Tag darauf
auch nicht. Er meldete sich
nicht krank und verlor den
Job, bekam einen Strafzettel,
rauchte vierhundertsechzig
Zigaretten, wurde in betrunkenem
Zustand aufgegriffen und ein-
gelocht, stellte Kaution, er-
schien zur Verhandlung und
bekannte sich schuldig.

Als die Miete fällig wurde
gab er die Wohnung in der
Beacon Street auf, ließ den
Kater zurück und zog zu
seinem Bruder, und die beiden
betranken sich jeden Abend
und sprachen davon, wie
schauderhaft doch das Leben
war. Und Manuel rührte nie mehr
einen Zigarillo an, weil
Shirley immer gesagt hatte,
er sehe damit so edel aus.

Dollars

Ich hatte schon immer Schwierigkeiten
mit Geld.
Einmal arbeitete ich in einem Betrieb
da aßen sie in der Werkskantine
die letzten drei Tage
vor jedem Zahltag
nur noch Hot Dogs und
Kartoffelchips.
Ich wollte Steaks.
Ich ging sogar zum
Küchenchef und
verlangte, daß er Steaks
serviert. Er weigerte sich.

Ich vergaß immer wieder den Zahltag.
Ich fehlte oft, und dann war
mal wieder Zahltag, und alle
redeten davon.
»Zahltag?«, sagte ich dann. »Verdammt,
ist heute Zahltag? Ich hab ja noch
nicht mal meine *letzte* Lohntüte
abgeholt ...«

»Laß diesen Bullshit, Mann.«

»Nein, nein, ganz im Ernst ...«

Ich sprang auf, ging ins Lohnbüro
und tatsächlich: da lag eine
Lohntüte für mich. Ich kam damit
zurück und zeigte sie ihnen:

»Meine Güte, die hatte ich ganz
vergessen ...«

Aus irgendeinem Grund machte sie das
wütend. Dann kam der Mann vom Lohnbüro
herein. Jetzt hatte ich zwei
Lohntüten. »Jessas, *zwei* Lohn-
tüten!«, sagte ich. Und sie waren
wütend. Manche von ihnen
mußten daneben noch einen
zweiten Job machen.

Der schlimmste Tag war
als es mal stark regnete.
Ich hatte keinen Regenmantel
deshalb zog ich einen sehr alten
Mantel an, den ich seit Monaten
nicht mehr getragen hatte. Ich kam
ein bißchen zu spät, und sie
arbeiteten schon.
Ich suchte in den Manteltaschen
nach Zigaretten
und fand eine 5-Dollar-Note
in der Seitentasche.
»Hey, seht mal«, sagte ich, »ich hab
gerade fünf Dollar gefunden, von denen
ich gar nicht mehr wußte, daß ich
sie habe! Ist das nicht komisch ...«

»Hey, Mann, laß diesen
Scheiß!«

»Doch, doch, im *Ernst*. Ehrlich.
Ich erinnere mich, daß ich den Mantel
anhatte, als ich durch die Kneipen zog.
Ich bin schon so oft ausgemistet worden

daß ich jetzt immer Angst habe ... ich
nehme das Geld aus der Brieftasche und
verteile es auf sämtliche Taschen ...«

»Hock dich hin und
arbeite!«

Ich griff in eine Innentasche.
»Hey, seht mal, da ist ein ZWANZIGER!
Gott, ein ZWANZIGER! Gar nicht
gewußt, daß ich den habe!
ich bin ja
REICH!«

»Du bist nicht witzig, du
Arschloch ...«

»Hey, mein Gott, hier ist NOCH ein
Zwanziger! Unglaublich, einfach
unglaublich ... Ich hab doch *gewußt*
daß ich an dem Abend nicht das
ganze Geld ausgegeben habe. Ich dachte,
sie hätten mich wieder ausgemistet ...«

Ich suchte weiter meinen Mantel
durch. »Hey! Da ist ein Zehner, und
da ein Fünfer! Mein Gott ...«

»Hör mal, ich sag dir: *Hock dich hin
und halts Maul!* ...«

»Mein Gott, ich bin REICH ... ich *brauch*
diesen Job überhaupt nicht ...«

»Mensch, hock dich jetzt bloß
hin! ...«

Ich fand noch einen Zehner, nachdem
ich mich hingesetzt hatte, aber ich
sagte nichts davon.
Ich spürte Wellen von Haß.
Ich war ganz durcheinander.
Die glaubten, ich hätte das mit
Absicht gemacht, damit sie sich
mies fühlen. Das wollte ich
nicht. Leute, die drei Tage
vor jedem Zahltag nur noch von
Hot Dogs und Kartoffelchips leben
fühlen sich schon mies
genug.

Ich beugte mich
nach vorn und
begann zu arbeiten.

Draußen
regnete es
weiter.

Siesta und Angst
vor dem Sterben

Mein Freund hat Angst, daß es
mit ihm zu Ende geht.

Er lebt in Frisco,
ich in L.A.

Er geht täglich in ein Sport-
studio, rackert sich mit
Hanteln ab und schlägt auf
den großen Sandsack ein.

Das Alter setzt ihm schwer
zu.

Trinken kann er auch nicht mehr,
wegen seiner Leber.

Aber er macht 50 Liegestützen
hintereinander.

Er schreibt mir Briefe
und sagt, ich sei der einzige
der ihm noch zuhört.

»Klar, Hal«, schreib ich
auf einer Postkarte zurück.

Aber ich möchte nicht
all diese Trainingsgebühren
bezahlen müssen.

Ich geh zu Bett
mit einem Leberwurst-Sandwich,
garniert mit Zwiebelringen,
um 1 Uhr nachmittags.

Nach dem letzten Bissen
mach ich ein Nickerchen.

Während die Helikopter und
die Geier über meiner durch-
gelegenen Matratze kreisen.

Verrückt wie eh und je

Bin betrunken und schreibe
Gedichte um 3 Uhr nachmittags.

Könnte ich doch bloß
nochmal eine enge Pussy
kriegen, nur noch
ein einziges Mal,
ehe die Lichter für immer
ausgehen.

Betrunken sitz ich da und
schreibe Gedichte um
3 Uhr 15.

Manche sagen mir, ich sei
berühmt.

Warum sitz ich dann hier,
allein und betrunken, und
schreibe Gedichte
um 3 Uhr 18?

Ich bin so verrückt wie
eh und je. Sie verstehen nicht,
daß ich nicht aufgehört habe
an den Füßen aus Fenstern im
4. Stock zu hängen.
Ich tu es immer noch.

Sogar jetzt, während ich
hier sitze und dies schreibe,
hänge ich an den Füßen

aus dem Fenster, nur ein paar
Stockwerke höher:
68, 72, 101.

Das Gefühl ist dasselbe:
verbohrt, unheroisch
und notwendig.

Während ich hier sitze,
betrunken, und Gedichte
schreibe um 3 Uhr 24.

Ich fahre die Wilton Avenue
hinunter, da macht dieses
Girl von etwa 15 Jahren einen
Schritt auf die Fahrbahn, in
engen Bluejeans, die ihren
Hintern wie zwei Hände packen.
Ich halte und lasse sie über
die Straße, und während ich
ihre schlingernde Silhouette
betrachte, sieht sie mich
durch die Windschutzscheibe
mit violetten Augen an. Dann
kommt aus ihrem Mund die
größte rosarote Blase
Bubblegum, die ich je
gesehen habe. Aus dem Auto-
radio kommt gerade etwas von
Beethoven. Sie geht in ein
kleines Lebensmittelgeschäft
und ist verschwunden. Und ich
bin wieder mit Ludwig
allein.

Hangdog Harry

»Hey«, sagte mein Freund, »ich möchte
daß du Hangdog Harry kennenlernst,
er erinnert mich immer so an dich.«
»Meinetwegen«, sagte ich, und wir
gingen in dieses billige Hotel.
In der Halle saßen alte Männer herum
und sahen sich was im Fernsehen an.
Wir gingen die Treppe hoch zur
Nr. 209, und da saß Hangdog
kerzengerade auf einem Rohrstuhl,
eine Flasche Wein zwischen den Füßen.
»Hockt euch hin«, sagte er. »Das
Problem mit den Menschen ist: Sie sind
alle inhuman zueinander.«
Wir sahen ihm zu, wie er sich langsam
eine Bull Durham rollte.
»Ich hab Kragenweite 43, und ich
kille jeden, der sich mit mir anlegt.«
Er leckte seine Zigarette ab und
spuckte auf den Teppich. »Ganz wie
zuhause hier«, sagte er. »Tut euch
keinen Zwang an.«

»Wie fühlst du dich so, Hangdog?«,
fragte mein Freund.

»Schauerlich. Ich bin in eine Nutte
verknallt und hab sie seit drei
oder vier Wochen nicht mehr gesehen.«

»Was meinst du, was sie macht, Hang?«

»Tja, im Moment, würde ich sagen,
kaut sie gerade einen ab.«

Er griff sich die Weinflasche und
nahm einen enormen Schluck.

»Tja«, sagte mein Freund, »wir
müssen mal wieder los.«

»Okay. Eile mit Weile und so.
Wer rastet, der rostet ...«

Er sah zu mir hoch. »Wie war
doch nochmal dein Name?«

»Salomski.«

»War nett, dich kenn'zulernen, Kid.«

»Gleichfalls.«

Wir gingen die Treppe wieder
runter. In der Halle saßen sie
immer noch da und starrten auf
die Mattscheibe.

»Na, was hältst du von ihm?«,
fragte mein Freund.

»Shit«, sagte ich, »ja, der ist
wirklich ganz in Ordnung.«

Der Puff sah
nicht schlecht
aus

Sie hatte gewaltige Schenkel
und ein ansteckendes Lachen,
sie lachte über alles,
und die Vorhänge waren gelb
und als ich fertig war
wälzte ich mich von ihr runter
und ehe sie ins Bad ging
langte sie unters Bett und
warf mir einen Lappen hin.
Er war hart.
Er war steif vom Sperma anderer
Männer.
Ich putzte mich am Bettlaken ab.

Als sie rauskam
bückte sie sich
und ich sah nur noch Hintern
während sie Mozart
auflegte.

Ein Lichtblick

Die Geier im Zoo
(alle drei)
sitzen regungslos
auf ihrem Baum
hinter Gittern
und unter ihnen
auf dem Boden
liegen stinkende
Fleischfetzen.
Die Geier sind vollgefressen.
Unsere Steuergelder haben sie
gemästet.

Wir gehen zum nächsten
Käfig.
Ein Mann sitzt drin.
Er hockt auf dem Boden
und frißt
seine eigene Scheiße.
Ich erkenne ihn wieder.
Es ist unser ehemaliger
Briefträger.
Sein Lieblingsspruch
war immer gewesen:
»Schönen Tag wünsch ich noch.«

Diesmal hatte ich
einen.

Kalte Pflaumen

Im Bett, wo wir kalte
Pflaumen aßen, erzählte sie mir
von dem Deutschen, dem der
ganze Häuserblock gehörte
bis auf das Textilgeschäft,
und das versuchte er auch noch
zu kaufen, aber die Girls
wollten nicht. Der Deutsche
hatte den besten Lebensmittel-
laden in Pasadena, das Fleisch
war bei ihm sehr teuer
aber erste Qualität, das Gemüse
und die anderen Sachen waren
dafür sehr preiswert, und
Blumen verkaufte er auch.
Aus ganz Pasadena kamen die
Leute, um bei ihm einzukaufen,
aber er wollte unbedingt noch
das Textilgeschäft haben
und die Girls blieben bei ihrem
Nein. Eines Nachts wurde jemand
gesehen, wie er aus der Hinter-
tür des Textilgeschäftes rannte
und dann brach ein Feuer aus
und fast alles wurde zerstört.
Sie hatten eine Menge Waren
da drin, und sie versuchten
zu retten, was noch zu retten war,
sie machten einen Ausverkauf,
aber es half nichts – sie mußten
ihr Geschäft verkaufen.

Nun gehörte es dem Deutschen,
aber er ließ es leerstehen.
Seine Frau versuchte, etwas
anzukurbeln, mit kleinen
geflochtenen Körben und so
Sachen, doch es klappte nicht.

Wir schoben uns die letzten
Pflaumen rein. »Das war eine
traurige Geschichte«, sagte
ich. Dann beugte sie sich
runter und begann, mich
abzukauen. Die Fenster
standen offen, und die ganze
Gegend konnte mich brüllen
hören, abends um halb 6.

Picknick

Bei diesem Wort muß ich
immer an Jane denken
mit der ich sieben Jahre
zusammenlebte. Sie war
eine Säuferin. Ich
liebte sie.

Meine Eltern haßten sie.
Ich haßte meine Eltern.
Das war eine reizende
Kombination, wir vier.

Eines Tages machten wir
alle zusammen ein Picknick
oben in den Hollywood Hills.
Wir spielten Karten, tranken
Bier und aßen Kartoffelsalat.

Und endlich waren meine
Eltern mal ausnehmend nett
zu ihr. Es wurde viel
gelacht. Allerdings ohne
mich.

Später, in meiner Bude
beim Whisky, sagte ich
zu ihr: Ich mag die beiden
eigentlich nicht, aber
es ist gut, daß sie nett
zu dir waren.

Du Idiot, sagte sie,
hast du denn nicht gemerkt,
warum?

Nee, wieso?

Sie haben dauernd meinen
Bierbauch angesehen. Sie
denken, ich bin schwanger.

Oh, sagte ich. Na dann:
Auf unser wunderschönes
Kind.

Auf unser wunderschönes Kind,
sagte sie.

Wir kippten unsere
Drinks.

Der gute Verlierer

Texaner, rotes Gesicht,
alt. Er ist auf einem
Pferderennplatz in L.A.,
hat sich gerade mit
ein paar Leuten unter-
halten, das 4. Rennen
läuft, und er hat bereits
genug. »Also, Wiedersehn
und alles Gute. Bis
morgen dann . . .«

»Netter Kerl.«
»Yeh.«

Er geht hinunter zum
Parkplatz, wo er in ein
12 Jahre altes Auto
steigen wird. Von dort
wird er zu einer billigen
Pension fahren. Sein Zimmer
wird weder Klo noch Bad
haben. Am einzigen Fenster
wird eine zerfetzte
Packpapier-Jalousie hängen
und draußen wird er auf eine
bröckelnde Zementmauer sehen
voll von Sprühdosen-Graffiti
einer Chicano Jugendbande.

Er wird die Schuhe ausziehen
und sich aufs Bett setzen.

Es wird dunkel sein, aber
er wird nicht das Licht
anknipsen.

Er hat nichts
zu tun.

Die Girls im
grünen Hotel

Sie liegen auf dem Rasen,
schöner als Filmstars,
und nehmen ein Sonnenbad
und eine sitzt da
in einem kurzen Kleid
und hochhackigen Schuhen,
die Beine übereinander,
und läßt ein Paar
unirdische Schenkel
sehen. Sie hat ein
buntes Tuch um den Kopf
und raucht eine lange
Zigarette. Der Verkehr
auf der Straße kommt
fast zum Erliegen.

Die Girls, schläfrig
in der Nachmittagssonne,
achten nicht darauf.
Sie sind Huren,
seelenlose Wesen,
doch von einer magischen
Vollkommenheit, denn sie
machen dir nie etwas vor.

Ich steige ins Auto,
warte, bis der Verkehr
sich lichtet, und fahre
hinüber zum grünen Hotel,
zu meinem heimlichen
Schwarm: Sie nimmt ihr

Sonnenbad auf dem
vorderen Rasen, dicht am
Straßenrand.

»Hallo«, sage ich.
Sie sieht zu mir hoch
mit Augen wie unechte
Diamanten. Ihr Gesicht
bleibt ausdruckslos.

Ich hieve meinen letzten
Gedichtband aus dem
Seitenfenster. Er fällt
neben ihr ins Gras.

Dann mache ich den
ersten Gang rein
und fahre weg.

Die werden heute abend
einiges zu lachen haben.

Schon besser

Diese Anrufe werden
zuviel. Sie wollen
die Kreatur unbedingt
sprechen. Sollten es
lieber sein lassen.

Ich habe nie Knut
Hamsun angerufen
oder Ernie
oder Céline.

Ich habe nie
Salinger angerufen,
ich habe nie
Neruda angerufen.

Heute abend kam
wieder ein Anruf:

»Hallo. Sind Sie
Charles Bukowski?«

»Ja.«

»Tja, also, ich hab
so ein Haus ...«

»Ja?«

»Ein Bordell.«

»Verstehe.«

»Ich habe Ihre Bücher
gelesen. Ich habe ein
Hausboot in Sausalito.«

»Mhm.«

»Ich möchte Ihnen meine
Telefonnummer geben. Wenn
Sie mal nach San Francisco
kommen, lade ich Sie zu
einem Drink ein.«

»Okay. Legen Sie los.«

Ich schrieb es mir
auf.

»Wir führen ein erst-
klassiges Haus. Für
Anwälte, Senatoren,
Leute aus der Oberschicht,
Strauchdiebe, Zuhälter
und so.«

»Ich ruf Sie an, wenn
ich mal da oben bin.«

»Ne Menge von unseren Girls
lesen Ihre Bücher. Fahren
alle auf Sie ab.«

»Yeah?«

»Yeah.«

Wir sagten goodbye.

Dieser Anruf
gefiel mir.

Ein Schiß am Meer

Halb betrunken
verließ ich ihre
Wohnung, ihr warmes
Bett. Ich war verkatert,
wußte nicht einmal,
welche Stadt es war.
Ich ging und ging
und konnte mein Auto
nicht mehr finden. Aber
irgendwo mußte es
doch sein ... Und dann
fand ich mich plötzlich
nicht mehr zurecht, lief
nur noch durch die Gegend.
Es war Morgen, ein
Mittwoch. Im Süden
konnte ich den Ozean
sehen. Jetzt spürte ich
die Folgen der Trinkerei ...
der Dünnschiß plagte mich
und wollte raus. Ich ging
in Richtung Meer, und in
Strandnähe sah ich
ein braunes Backstein-
häuschen. Ich ging rein.
Ein alter Kerl saß stöhnend
auf einem der Pötte.
»Hi, Buddy«, sagte er.
»Hi«, sagte ich.
»Ist die Hölle da
draußen, hab ich recht?«,
wollte der alte Kerl wissen.

»Stimmt«, sagte ich.
»Brauchst du'n Drink?«
»Ich fang nie vor Mittag
an.«
»Wieviel Uhr hast du?«
»11 Uhr 58.«
»Na dann sind's ja
nur noch zwei Minuten.«

Ich wischte mir den
Hintern, zog die Spülung,
zog mir die Hosen hoch
und ging zu ihm rüber.
Der alte Mann saß immer
noch auf seinem Pott
und stöhnte.
Er zeigte auf eine Flasche
Wein vor seinen Füßen. Sie
war fast leer.
Ich nahm sie hoch und trank
die Hälfte von dem Rest,
drückte ihm einen sehr alten
zerknitterten Dollar in die
Hand, ging raus auf den
Rasen und würgte es wieder
aus.
Ich sah auf den Ozean hinaus,
und der Ozean sah gut aus,
voll von Blau und Grün und
Haien. Ich ging da weg,
zurück auf die Straße und
weiter. Entschlossen, mein
Automobil zu finden.
Es kostete mich eine Stunde
und 15 Minuten, und als ich
es endlich gefunden hatte,

stieg ich ein und fuhr los
und tat so, als sei ich
genauso clever wie der
nächste Mensch.

Wahnsinn

Ich schlage mir nicht
die Fäuste an den Wänden
wund, ich sitze nur da,
aber es rauscht herein.
Ein ganzer Schwall.

Die Frau von da hinten
heult und flennt jede Nacht.
Ab und zu kommen die vom
Landeskrankenhaus und nehmen
sie für ein oder zwei Tage mit.

Ich hatte immer gedacht, daß
sie den Verlust einer großen
Liebe beklagt, bis sie eines
Tages mal rüberkam und es mir
erzählte: Sie war einem Gigolo
auf den Leim gekrochen und
hatte acht Mietshäuser an ihn
verloren.
Verlust von Eigentum! Und deshalb
dieses ganze Heulen und Flennen ...!
Die Tränen kamen ihr, während
sie es mir erzählte. Dann
küßte sie mich. Ihr Lippen-
stift schmeckte schal, und
ihr Mund roch nach Zwiebeln
und Knoblauch.
»Hank«, sagte sie, »niemand
liebt dich, wenn du kein
Geld mehr hast.«

Sie ist alt. Fast so alt wie ich.

Als sie ging, liefen ihr immer
noch die Tränen herunter.

Vor ein paar Tagen, morgens
um halb 8, kamen zwei schwarze
Ambulanzfahrer mit einer Bahre –
aber sie klopften bei mir
an die Tür.

»Auf gehts, Mann«, sagte der
größere von den beiden.

»Augenblick«, sagte ich, »das
ist ein Versehen . . .«

»Uns hat man aber diese Adresse
gegeben, Mann. Das hier ist doch
5437 und 2/5, oder nicht?«

»Ja.«

»Also dann los, Mann, und mach
uns keine Zicken.«

»Die Lady, die ihr holen sollt,
wohnt da hinten . . .«

Ich ging mit den beiden
nach hinten.

»Diese Tür da?«

»Nein, nein, das ist meine
Hintertür. Hier, ihr müßt diese

Treppe da hinter euch rauf. Es
ist die Tür an der Ostseite. Die
mit dem kaputten Briefkasten.«

Sie gingen rauf und hämmerten an
die Tür. Ich sah ihnen zu, wie sie
die Alte wegschafften. Sie brauchten
sie nicht auf die Bahre zu schnallen.
Sie ging so mit. Und ich
machte mir Gedanken, ob sie
da wirklich den richtigen Fall
abtransportierten. Ganz sicher
war ich mir nicht.

Bier

Ich weiß nicht, wieviele Flaschen Bier
ich konsumiert habe, während ich
darauf wartete, daß es wieder
aufwärts geht.
Ich weiß nicht, wieviel Wein und Whisky
und Bier
(meistens Bier)
ich konsumiert habe, wenn ich mich
mit Frauen verkracht hatte
und darauf wartete, daß das
Telefon klingelt
oder daß ich Schritte höre.
Es wird jedesmal ein langes Warten
bis sie anrufen oder ich ihre
Schritte höre. Wenn mir der Magen schon
aus dem Mund quillt, da
kommen sie an, frisch und
quicklebendig:
»Menschenskind, was hast du denn
jetzt wieder mit dir angestellt?
Du wirst drei Tage brauchen
bis du mich wieder ficken kannst!«

Frauen sind zäh. Sie leben
7 ½ Jahre länger als der Mann
und sie trinken sehr wenig Bier
weil sie wissen, daß es schlecht
für die Figur ist.

Während wir langsam durchdrehen
treiben sie sich irgendwo mit

geilen Cowboys herum,
tanzen und lachen.

Na, es gibt ja noch Bier.
Leere Bierflaschen, ganze Müllsäcke voll,
Papiersäcke mit durchgeweichten Böden.
Wenn man einen hochhebt, rasseln
die Flaschen unten raus,
rollen scheppernd über den Boden
und matschen ihn ein mit schalen
Bierlachen, versetzt mit nasser
grauer Zigarettenasche.
Oder die Säcke fallen um,
morgens um 4, und
machen das einzige Geräusch
in deinem Leben.

Bier.
Flüsse und Seen von Bier
Bier Bier Bier.
Das Radio dudelt Love Songs,
das Telefon schweigt sich aus,
und die Wände stehen da,
kerzengerade,
und Bier ist alles
was dir bleibt.

Mein Alter

Mit 16, während der großen
Wirtschaftskrise, pflegte ich
besoffen nach Hause zu kommen
und mehr als einmal lagen
meine ganzen Sachen – Hemden,
Unterhosen, Strümpfe, hand-
geschriebene Stories, 1 Koffer –
auf dem Rasen vor dem Haus
und auf der Straße.

Meine Mutter kam hinter einem
Baum hervor und flehte mich an:
»Henry, Henry, geh nicht
rein – er bringt dich um,
er hat deine Geschichten
gelesen . . .!«

»Den mach ich jederzeit
fertig . . .«

»Henry, bitte! Hier, da hast du
Geld . . . geh und such dir ein
Zimmer.«

Aber der Alte hatte Angst
daß ich die Highschool nicht
zu Ende mache, deshalb
ließ er mich immer wieder
rein.

Eines Abends kam er zu mir
ins Zimmer und schwenkte

eine von meinen Stories
die er mal wieder ungefragt
begutachtet hatte. »Das«,
sagte er, »ist eine sehr
gute Story.«

»Wenn du meinst«, sagte
ich.

Er gab sie mir, und ich
las sie:
Die Story handelte von einem
reichen Mann, der nach
einem Krach mit seiner Frau
hinausgeht in die Nacht
und irgendwo eine Tasse
Kaffee trinkt; er betrachtet
sich die Kellnerin, die Löffel,
die Gabeln, die Salz- und
Pfefferstreuer und die
Neonreklame im Fenster
und dann geht er wieder nach
Hause und schaut im Stall
vorbei und tätschelt sein
Lieblingspferd, und das
Pferd tritt ihn voll
gegen die Stirn und
killt ihn.

Irgendwie hatte die Geschichte
für meinen Alten eine Bedeutung.
Wenn auch ich selber, als ich
sie schrieb, keine Ahnung hatte
um was es da ging.

Ich sagte also zu ihm: »Okay,
Alter, die kannst du behalten.«
Er nahm sie, ging aus dem
Zimmer und machte die Tür
hinter sich zu. Ich glaube,
so nahe sind wir einander
nie mehr gekommen.

Angst

Er kommt an meinen VW
als ich gerade die Hand-
bremse anziehe, und
ruckelt ihn hin und her.
Er grinst um seine
Zigarre herum.

»Hey, Hank, ich seh all die
Weiber, die du in letzter
Zeit in der Wohnung hast ...
gar nicht übel. Du kannst
anscheinend nicht klagen.«

»Sam«, sage ich, »du wirst
es nicht glauben, aber ich
bin einer der einsamsten
Menschen weit und breit.«

»Wir haben ein paar nette
Girls vorne im Salon. Die
solltest du mal ausprobieren.«

»Ich hab Angst vor solchen
Läden, Sam. Ich kann da
nicht rein.«

»Dann schick ich dir eine
her. Was richtig Nettes.«

»Sam, schick mir keine Huren.
Ich verknall mich immer in sie.«

»Okay, Freund«, sagt er. »Gib
mir Bescheid, falls du dirs
anders überlegst.«

Ich sehe ihm nach. Manche
Menschen haben immer alles
im Griff. Ich bin die
meiste Zeit konfus.

Er kann einen Mann glatt
übers Knie brechen,
aber wer Mozart ist
weiß er nicht.

Na, wer möchte auch schon
Musik hören an einem
verregneten Mittwoch-
abend.

Überall kleine Tiger

Sam der Bordellpächter
hat knarzende Schuhe.
Knarzend geht er draußen
zwischen den Bungalows
auf und ab und redet
mit den Katzen. Ein
Brocken von Kerl, ein
Killer – und da
redet er mit den Katzen.
Er läßt sichs von den
Frauen im Massagesalon
machen, hat keine
Freundinnen, kein Auto,
trinkt nicht, rührt
kein Dope an. Seine
einzigen Laster sind,
auf einer Zigarre zu
kauen und die Katzen
der ganzen Nachbarschaft
zu füttern. Manche
von den Katzen kriegen
Junge, es werden immer
mehr, und so oft ich
die Tür aufmache, rennen
welche herein. Manchmal
vergesse ich, daß sie
da sind, und sie scheißen
mir unters Bett, oder
ich wache nachts auf und
höre Geräusche, springe
mit gezücktem Messer
aus dem Bett, schleiche

in die Küche, und eine
von Sams Katzen läuft
auf der Spüle herum oder
hockt auf dem Kühlschrank.
Sam hält den Puff um die
Ecke in Schwung, und seine
Girls stehen vor dem
Eingang in der Sonne
während die Ampeln auf
rot und grün und gelb
schalten, und sie,
genau wie seine Katzen,
kennen den Sinn des
Lebens so gut wie die
Tage und die Nächte.

Kraniche

Manchmal, wenn einen das
Schicksal so richtig in
den Arsch tritt, da
wünscht man sich, ein
Kranich zu sein, der lässig
auf einem Bein steht
in blauem Wasser.

Aber dann denkt man an das
was sie einem beigebracht
haben: Man möchte gar kein
Kranich sein, versteht ihr,
der auf einem Bein steht
in blauem Wasser.

Der Kummer ist nicht
wichtig genug, und
der Sieg wäre
lahm.

Ein Kranich kann sich
keine Fotze kaufen
oder sich aufhängen,
um Mittag, in Monterey.

Das sind so Dinge
die Menschen tun
können, außer
auf einem Bein
stehn.

Ruppige Gesellschaft

Gedichte wie Revolverhelden
sitzen da und schießen Löcher
in meine Fenster, kauen auf
meinem Klopapier, lesen die
Rennergebnisse, nehmen den
Hörer von der Gabel.

Gedichte wie Revolverhelden
fragen mich, in welcher Branche
ich eigentlich bin, und
ob ich es auf eine Ballerei
ankommen lassen will.

Immer mit der Ruhe, sage ich,
hier kommts nicht drauf an
wer am schnellsten zieht.

Das Gedicht am südlichen
Ende der Couch zieht vom
Leder und sagt: Dafür
knall ich dir die Eier
aus dem Sack!

Reg dich ab, Partner, sage ich.
Mit dir hab ich noch was vor.

Was vor, hm? Was
denn?

Den *New Yorker*,
Partner.

Er steckt sein Eisen
wieder weg.

Das Gedicht auf dem Stuhl
neben der Tür reckt sich,
sieht mich an:
Weißt du, Fettsack, du bist
in letzter Zeit ziemlich
faul.

Leck mich, sage ich,
wer macht denn dieses
Spiel hier?

Wir!, schreien sie alle
und ziehen ihre Knarren.
Nun mach mal endlich!

Also, da
habt ihr es:

Was ihr hier lest, war
das Gedicht, das auf dem
Kühlschrank saß und
Kronenkorken von Bier-
flaschen durchs Zimmer
schnickte.

Und jetzt habe ich es
aus dem Weg, und die
anderen hocken um mich
herum und fuchteln
mit ihren Kanonen:

Ich bin der Nächste! Ich
bin der Nächste! Ich bin
der Nächste!

Ich nehme an, wenn ich
draufgehe, werden sie sich
auf einen anderen armen
Hundesohn stürzen.

Ideale

Die Waxmans, sagte sie.
Er hat gehungert, und dabei
wollten ihn diese ganzen
Baufirmen einkaufen. Er
hat im Ausland gearbeitet,
in Paris, in London, sogar
in Afrika. Er hatte sein
eigenes Konzept ...

Was soll der Scheiß?, sagte
ich. Ein hungerleidender
Architekt??

Ja! Sie haben alle gehungert –
er, und seine Frau, und die
Kinder! Aber er blieb
seinen Idealen treu.

Ein hungerleidender Architekt, hm?

Ja. Aber jetzt hat er es
geschafft. Letzten Mittwoch-
abend hab ich ihn und seine
Frau gesehn. Die Waxmans.
Möchtest du sie mal kennen-
lernen?

Sag ihm, sagte ich, er soll
sich drei Finger in den
Arsch stecken und mal
kräftig schnipsen.

Du bist immer so beschissen
eklig, sagte sie und stieß
ihr hohes Glas voll Scotch-
and-Water um.

Mhm, sagte ich. Das ist
meine Art, die Toten
zu ehren.

Feuerwache
(*Für Jane, in Liebe*)

Unser Geld war alle,
wir gingen aus der
Bar und wollten zu mir
nach Hause, wo noch
ein paar Flaschen
Wein standen.

Es war vier Uhr nach-
mittags. Wir kamen
an einer Feuerwache
vorbei, und da geriet
sie ganz aus dem
Häuschen: »Eine FEUER-
WACHE! Oh, ich liebe
Feuerwehrautos, sie sind
so rot und alles. Komm,
wir gehn rein!«

Ich folgte ihr
hinein. »FEUERWEHR-
AUTOS!«, kreischte sie
und schlenkerte ihren
drallen Hintern.

Und schon war sie drauf
und dran, in so ein Ding
reinzuklettern. Sie zog
ihren Rock bis zu den
Hüften hoch und versuchte
sich hinters Lenkrad
zu klemmen.

»Moment, ich helf Ihnen!«
rief einer von den Feuerwehr-
männern und rannte zu ihr hin.

Ein weiterer kam an. »Unsere
Bürger sind hier immer
willkommen«, sagte er
zu mir.

Der andere saß jetzt
mit ihr auf dem Fahrer-
sitz. »Haben Sie auch
so ein großes DING da?«
fragte sie ihn. »Oh! Hahaha!
Ich meine, so'n großen
HELM! ...«

»Ja, 'n großen Helm hab ich
auch ...«, sagte er zu ihr.

»Oh, hahaha!«

»Spielen Sie Karten?«
fragte mich mein Feuerwehr-
mann. Ich hatte 43 Cents
und jede Menge Zeit.

»Kommen Sie nach hinten«,
sagte er. »Wir spielen
natürlich nicht um Geld.
Ist gegen die Vorschrift.«

»Verstehe«, sagte
ich.

Ich hatte aus meinen 43 Cents
gerade einen Dollar neunzig
gemacht, als ich sie
nach oben gehen sah, mit
ihrem Feuerwehrmann.

»Er zeigt mir, wo sie
schlafen«, rief sie
zu mir herüber.

»Versteh schon«, sagte
ich.

Zehn Minuten später
kam ihr Feuerlöscher
an der Stange wieder
runter. Ich beorderte
ihn mit einer Kopf-
bewegung zu mir her.

»Das macht fünf
Dollar.«

»Fünf Dollar? Für
das?«

»Wir wollen doch keinen
Skandal, oder? Könnte
uns beide den Job kosten.
D.h. mich eigentlich
nicht – ich hab zur Zeit
keinen.«

Er gab mir
die fünf.

»Hock dich her. Vielleicht
gewinnst du sie zurück.«

»Was spielt ihr?«
»Blackjack.«

»Glücksspiel ist aber
verboten.«

»Das ist mit allem so,
was Spaß macht. Außerdem,
siehst du hier auf dem Tisch
vielleicht Geld?«
Er setzte sich zu uns.

Damit waren wir
zu fünft.

»Wie wars, Harry?«
fragte ihn einer.

»Nicht schlecht. Nicht
schlecht.«

Der nächste ging
nach oben.

Sie waren alle
miserable Spieler.
Sie machten sich
nicht die Mühe, sich
die Karten zu merken.
Sie wußten nie, ob noch
hohe oder niedere Karten
übrig waren.

Der zweite Typ kam
runter und gab mir
einen Fünfer.

»Wie wars, Marty?«
»Nicht schlecht. Sie hat
ein paar gute Bewegungen
drauf ...«

»Neues Spiel«, sagte ich.
»Nettes sauberes Girl.
Ich reite sie selber.«

Keiner sagte etwas.

»Irgendwelche Großbrände
in letzter Zeit?«,
fragte ich.

»Nee. Nichts besonderes.«

»Ihr Jungs müßt in Übung
bleiben. Also los, laßt
jucken.«

Ein großer Rothaariger,
der die ganze Zeit einen
Kotflügel poliert hatte,
warf seinen Lappen hin
und ging nach oben.

Als er wieder runter
kam, warf er mir einen
Fünfer hin.

Der vierte Mann bezahlte
mit einem 20-Dollar-Schein.
Ich gab ihm drei Fünfer
heraus.

Ich wußte nicht, wieviele
Feuerwehrleute in dem
Gebäude waren und wo sie
alle steckten. Ein paar
gingen mir vermutlich
durch die Lappen. Aber
ich wollte kein Spiel-
verderber sein.

Es wurde bereits dunkel
draußen, als plötzlich
Feueralarm gegeben wurde.

Alle wetzten los. Auch
an der Stange kamen noch
ein paar herunter.

Dann kam *sie* an der
Stange runter. Sie machte es
sehr gut. Ein Prachtweib.
Nichts als Mumm und Arsch.

»Gehn wir«, sagte
ich zu ihr.

Sie stand da und winkte
den Jungs zum Abschied,
aber die schienen jetzt
in Gedanken schon
woanders zu sein.

»Gehn wir zurück in
die Bar«, sagte ich.

»Nanu, wo hast du plötzlich
Geld her?«

»Ich hatte noch was ein-
stecken. Bloß nicht mehr
dran gedacht.«

Wir setzten uns wieder
ans Ende der Bar, mit
Whisky und Bier.

»Ich hab tief und fest
geschlafen da oben ...«

»Klar, Baby, ne Mütze
Schlaf nachholen ist immer
gesund ...«

»Schau mal, der Matrose da,
wie der mich ansieht! Der
denkt anscheinend, ich
bin eine ... eine ...«

»Ach was, das denkt er nicht.
Reg dich ab. Du hast Klasse,
richtige Klasse. Manchmal
erinnerst du mich an eine
Opernsängerin, weißt du,
so eine Diva. Trink aus.«

Ich bestellte
noch zwei.

»Weißt du, Daddy, du bist
der einzige Mann, den ich
LIEBE! Ich meine, wirklich!
Weißt du das?«

»Klar, weiß ich das. Ich
weiß nicht, warum, aber
manchmal komm ich mir
direkt vor wie 'n King.«

»Yeah, yeah, genau das
mein' ich. Sowas in der
Art.«

Dann mußte ich pissen gehn.
Als ich zurückkam, saß
der Matrose auf meinem
Barhocker. Sie rieb
ihr Bein an seinem, und
er redete auf sie ein.

In der Ecke sah ich Harry
the Horse und den Zeitungs-
jungen am Dartboard. Sie
spielten um Geld. Ich
ging zu ihnen hin und
setzte einen Fünfer.

Ein Streit wegen Marschall Foch

Foch war ein großer Soldat,
sagte er, *Maréchal* Foch.
Hör mal, sagte ich, wenn du
dich nicht anständig mit mir
streiten willst, muß ich dir
ein nasses Handtuch ins
Gesicht schlagen.

Dann schreibe ich an den
Gouverneur, sagte er.
Der Gouverneur ist mein
Onkel, sagte ich.

Marschall Foch war mein
Großvater, sagte er.

Ich hab dich gewarnt, sagte
ich. Ich bin ein Gentleman.

Und ich bin ein Foch, sagte er.
Das reichte. Ich gabs ihm
mit einem nassen Handtuch.

Er griff zum Telefon. Ver-
binden Sie mich mit dem
Gouverneurspalast, sagte er.

Ich stopfte ihm einen nassen
Gummihandschuh in den Mund
und schnitt das Kabel durch.

Draußen zirpten die Grillen
wie verrückt: Foch, Foch,
Foch, Foch, Foch!

Ich holte meine Spielzeug-MPi
aus dem Schrank und beharkte
diese Schweinepriester, aber
es waren zuviele. Ich mußte
aufgeben.

Ich zog ihm den nassen Gummi-
handschuh wieder heraus. Ich
geb auf, sagte ich, es ist
zuviel. Ich kann die Welt
nicht ändern.

Die sogenannten Damen im Zimmer
applaudierten ihm alle.

Er stand auf und machte eine
elegante Verbeugung. Während
draußen die Grillen zirpten.

Ich setzte meinen Hut auf und
stakte aus der Tür. Aber ich
bleibe dabei: Die Franzosen
sind Schlappschwänze, und das
braucht einen auch nicht
zu wundern.

Ich liebe dich

Ich ging in diesen Schuppen rein
und da lag sie. Da lag sie,
meine große Liebe, auf einem Kerl
in einem dreckigen Unterhemd.
Ich war der ruppige gutmütige
spendierfreudige Charley (so
heiß ich) und ich weckte die
beiden wie ein zürnender Gott
und kaum war sie wach, da schrie
sie auch gleich: »Hank, Hank!« (so
heiß ich auch noch) »Bring mich
weg von diesem Scheißtyp! Ich
hasse ihn! Ich liebe *dich*!«

Natürlich war ich schlau genug
ihr diese Sprüche nicht zu
glauben. Ich setzte mich hin
und sagte: »Ich brauch einen
Drink. Mir brummt der Schädel
und ich brauche einen Drink.«

Seht ihr, so gehts mit der Liebe.
Und dann saßen wir alle da und
tranken Whisky, und es ging mir
eigentlich wieder ganz gut, da
langte er in die Hosentasche und
gab mir einen 5-Dollar-Schein:
»Das ist alles, was sie noch
übrig hatte von dem, was sie dir
geklaut hat.«

Nun, ich war kein Engel, der mit
goldenen Flügeln über Buchsbäume
flattert. Ich nahm den Fünfer
und ließ die beiden da drin,
ging die Gasse nach vorn zur
Alvarado Street, bog links ab
und verzog mich in die
nächste Kneipe.

Sitze da und sehe auf dieses
Bild von einem blauen Baby
das an einer blauen Brust saugt,
eine grüne Weinranke hängt von
der Decke, und rechts davon,
vor einem dunkelbraunen Hintergrund,
hat sich ein hellbraunes Girl
verkehrt herum auf einen Stuhl
gesetzt und sieht nachdenklich zu.
Jetzt ist mir die Zigarette aus-
gegangen. Es gibt nie Streichhölzer
hier drin, ich stehe also auf,
geh in die Küche und mach sie mir
an dem 30 Jahre alten Gasherd
wieder an, ohne daß meinem Skalp
etwas passiert, dann zurück in
das vordere Zimmer, und mein Blick
fällt auf ein Bild von einer großen
altmodischen Schere auf einem
rosaroten Stuhl.
Es ist eine Viertelstunde nach
Mitternacht, der Riegel an der Tür
ist vor, und auf der schiefen Steh-
lampe neben dem Bett sitzt ein
roter Schlapphut, der als Lampenschirm
dient, und ein kleiner Hund
hebt den Kopf und knurrt den hohen
kalten Himmel draußen an. Zwei
Matratzen liegen auf dem Boden.
Auf der einen habe ich viele Nächte
geschlafen. Der alte Bungalow
soll demnächst von Bulldozern weg-

saniert werden. Er gehört einem
japanischen Ringkämpfer namens Fuji.
Ich sehe nicht, wie man ihn durch
etwas Besseres ersetzen könnte.

Heute abend hat sie die Wasserhähne
von Badewanne und Küchenspüle
repariert. Eine Zigarette kann sie
nicht drehen, aber dafür spart
sie uns den Klempner. Wir haben ein
Kentucky Fried Chicken gegessen,
mit Kohlsalat, Kartoffelbrei, Soße
und Semmeln. Es ist jetzt 23 Minuten
nach Mitternacht, und die Bulldozer
werden uns die Bude unter dem Arsch
wegschieben, nicht morgen, aber
bald. Der Hund knurrt wieder
den Himmel an, und meine Zigarette
ist schon wieder aus. Die Liebe,
auf dieser Matratze neben der Tür,
der Sex, die Streitereien, die
Unterhaltungen und Träume – die
Bulldozer werden es nicht aus-
löschen können. Auch wenn sie
die Bäume niederwalzen, das
Scheißhaus, den Weg draußen auf-
reißen – sie werden es nicht alles
wegkriegen. Und wenn ich in 6 Monaten
hier vorbeifahre und das Apartment-
Hochhaus sehe mit den fünfzig
Leuten drin, denen keine Betonwabe
zu teuer ist, werde ich immer noch
das Bild von dem blauen Baby sehen
das an einer blauen Brust saugt,
die Weinranke von der Decke, das
braune Girl, die tropfenden Wasser-

hähne, die Spinnen und Termiten, die
grau und gelb gestrichenen Wände,
das Tischtuch, das am Fenster zur Straße
die Jalousie ersetzt, und diese
Matratze neben der Tür.

Junk

Mit drei weiblichen Junkies
in einem dunklen Schlafzimmer.
Überall braune Papiertüten
voll Müll. Es ist Nachmittag,
halb zwei. Sie reden von
Irrenhäusern, Hospitälern.
Sie warten auf einen Fix.
Keine arbeitet was. Sie leben
von der Fürsorge und Essens-
marken, und Medi-Cal zahlt
für den Arzt.

Männer sind gerade gut genug
als Mittel zum Fix.

Es ist Nachmittag halb zwei
und draußen wachsen kleine
Pflanzen. Die drei rauchen
Zigaretten und nippen lustlos
an Bier und Tequila auf
meine Rechnung.

Ich sitze mit ihnen herum
und warte auf meinen Fix:
ich bin ein Gedicht-Junkie.

Ezra schleiften sie durch
die Straßen in einem Käfig,
Blake war überzeugt, daß es
Gott gibt, Villon war ein
Strauchdieb, Lorca lutschte

Schwanz, T.S. Eliot saß
hinter einem Bankschalter.

Die meisten Dichter sind
Schwäne. Reiher.
Ich sitze mit drei Junkies da,
an einem Nachmittag um
halb zwei. Der Rauch
verpißt sich an die Decke.
Ich warte.

Der Tod ist ein Jumbo
voll Nichts.

Die eine sagt jetzt, daß ihr
mein quittengelbes Hemd
gefällt.

Ich glaube an eine simple
Gewalt.

Das hier ist
ein Teil
davon.

Mein Zahnarzt ist ein Säufer.
Er kommt hereingestürzt
während ich den Zahnstein
entfernt kriege. »Hey,
du alter Wichser! Schreibst du
immer noch dreckige Geschichten?«
»Ja.«
Er sieht die Helferin an:
»Ich und dieser alte Wichser,
wir haben beide mal für die
Post gearbeitet, da unten im
Terminal Annex!«
Die Helferin sagt nichts.
»Jetzt sieh uns an! Wir sind
da rausgekommen! Wir haben uns
diesen Laden vom Hals
geschafft, was?«
»Ja. Und wie.«
Er rennt ins nächste Behandlungs-
zimmer. Er stellt lauter
wunderschöne junge Girls an,
sie sind überall. Sie arbeiten
vier Tage in der Woche
und er fährt einen gelben
Cadillac. Außer dem Wartezimmer
hat er acht Behandlungsräume,
alle voll ausgerüstet.
Die Helferin drückt ihren
Körper an mich. Es ist
unglaublich. Ihr Busen, ihre
Schenkel, ihr ganzer Körper
drückt sich an mich. Sie

schabt an meinen Zähnen und
sieht mich an: »Tu ich
Ihnen weh?«
»Nein nein, nur zu!«

Nach 15 Minuten ist der
Zahnarzt wieder da.
»Hey, was ist los? Warum
dauert das so lange?!«
»Doktor, dieser Mann hier
hat seine Zähne seit fünf
Jahren nicht mehr gereinigt
bekommen. Sie sind total
verdreckt.«
»Na schön. Machen Sie
Schluß mit ihm! Geben Sie
ihm einen neuen Termin!«
Er rennt wieder raus.
»Möchten Sie einen neuen
Termin?« Sie sieht mir
dabei in die Augen.
»Aber ja«, sag ich.
Sie drückt ihren Körper
voll an mich und schabt
noch ein bißchen herum.

Für die ganze Nummer,
einschließlich Röntgen-
aufnahmen, verlangte sie
nur vierzig Dollar.
Aber ihren Namen wollte sie
mir nicht sagen.

Unheimliche Begegnungen
der üblichen Art

Gehn wir ins Kino oder nicht?,
fragte sie ihn.

All right, sagte er. Gehn wir.

Ich zieh mir keinen Slip an,
sagte sie. Dann kannst du
Stinkfinger bei mir machen
wenn das Licht ausgeht.

Sollen wir uns ne Tüte
Popcorn leisten?, fragte er.

Klar, sagte sie.

Zieh deinen Slip ruhig an,
sagte er.

Was hast du denn?, fragte sie.

Ich will bloß den Film sehen,
sagte er.

Hör mal, sagte sie, ich brauch
bloß raus auf die Straße gehn,
da sind hundert Männer, die mich
mit Handkuß nehmen würden.

Na schön, sagte er, dann geh
doch raus. Ich bleib da und
les den *National Enquirer*.

Du Ekel, sagte sie. Und ich
versuch hier, eine sinnvolle
Beziehung aufzubauen!

Die kannst du aber nicht mit
dem Holzhammer aufbauen,
sagte er.

Also gehn wir jetzt ins Kino
oder nicht?, fragte sie.

All right, sagte er. Gehn wir.

An der Ecke von Western und
Franklin machte er den
Blinker an, um links ab-
zubiegen, und auf der
Gegenfahrbahn trat einer
aufs Gas, als wolle er ihn
schneiden.

Bremsen quietschten. Es
wurde kein Zusammenstoß,
aber beinahe.

Er schrie den Mann im
anderen Auto an. Der Mann
schrie zurück. Er hatte
noch jemand bei sich. Seine
Frau.

Die wollten auch
ins Kino.

Ich mochte D.H. Lawrence,
er konnte so schön wütend
werden, er blaffte und
fetzte mit wundervoll
energischen Sätzen, er
konnte das Wort zu Papier
bringen, leuchtend und
zuckend, der Gestank
von Blut und Mord und
Opfer umwehte ihn, die
einzige Zärtlichkeit
die er sich erlaubte, war
wenn er seine füllige
deutsche Frau zu Bett
brachte. Ich mochte
D.H. Lawrence. Er konnte
über Jesus reden, als wärs
der Mann von nebenan, und
er konnte australische
Taxifahrer so gut beschreiben
daß man sie haßte. Ich
mochte D.H. Lawrence, aber
ich bin froh, daß ich ihn
nie kennenlernte in irgend-
einem Bistro, wo er mit
gespreizten Fingern ein
winziges Täßchen Tee hebt
und mich ansieht mit seinen
wurmstichigen Augen.

Eins für den Schuhputzer

Das Gleichgewicht ist gewahrt durch die
Schnecken, die an den Klippen von
Santa Monica hochkriechen. Das Glück ist
daß man die Western Avenue entlang
gehen kann, und die Girls aus einem
Massagesalon rufen einem zu: »Hallo, Süßer!«
Das Wunder ist, daß man mit 55 noch
fünf Frauen haben kann, die in einen
verliebt sind, und das Gute daran ist
daß man nur eine von ihnen lieben kann.
Das Geschenk ist, eine Tochter zu haben
die zärtlicher ist als ihr, deren Lächeln
schöner ist als eures. Eine innere Ruhe
kehrt ein, wenn man in einem blauen VW
Bj. 67 wie ein Teenager durch die Straßen
fährt, im Radio seine Lieblingssendung hört,
die Sonne spürt, das satte Brummen des
generalüberholten Motors, während man sich
durchs Verkehrsgewühl schlängelt.
Die Gnade ist, daß man fähig ist,
Rockmusik zu mögen, klassische Musik,
Jazz – alles, was die reine ursprüngliche
Energie der Lebensfreude enthält.

Und die Wahrscheinlichkeit ist immer wieder
die tiefe Niedergeschlagenheit
wenn dein eigenes Gewicht auf dich drückt
unter der Guillotine deiner vier Wände
und du wütend bist auf das Klingeln des
Telefons oder Schritte von draußen.
Doch die andere Wahrscheinlichkeit,
das erhebende Gefühl, das immer danach kommt,

läßt die Kassiererin im Supermarkt
aussehen wie Marilyn, wie Jackie
ehe es ihren Lover aus Harvard erwischte,
wie das Mädchen in der Highschool
dem wir alle nach Hause folgten.

Es gibt etwas, das dir den Glauben erhält,
daß es außer dem Tod noch etwas anderes gibt:
Jemand kommt dir in einem Auto entgegen
auf einer Straße, die zu schmal ist für zwei
und er oder sie fährt rechts ran
und läßt dich vorbei ... oder der
alte Boxer Beau Jack, der jetzt Schuhe putzt
nachdem er seine ganzen Einnahmen
mit Parties durchgebracht hat
mit Frauen
mit Parasiten.
Er summt vor sich hin, haucht auf das Leder,
poliert es mit dem Lappen,
schaut hoch und sagt:
»Was soll's. Für ne Weile
hatte ich alles. Besser so
als anders.«

Manchmal bin ich verbittert,
doch oft hat es auch süß
geschmeckt. Ich hatte nur Angst
es zu sagen. Es ist
wie wenn deine Frau manchmal sagt
»Sag mir, daß du mich liebst«, und
du kannst es nicht.

Wenn ihr mich aus meinem blauen Volkswagen
grinsen seht, während ich bei Gelb
durchrausche und direkt
in die Sonne fahre,

dann hat mich ein
verrücktes Leben
in seinen Armen
und ich denke an Artisten am Trapez
an Liliputaner mit dicken Zigarren
an einen russischen Winter, Anfang der
vierziger Jahre
an Chopin mit seinem Beutel voll
polnischer Erde
an eine alte Kellnerin, die mir
eine extra Tasse Kaffee bringt
und mich dabei anlacht.

Die besten von euch
mag ich mehr als ihr denkt.
Die anderen zählen nicht
außer daß sie Finger und Köpfe haben
und manche von ihnen Augen
und die meisten von ihnen Beine
und alle zusammen
gute und schlechte Träume
und eine Art zu sterben.

Die Gerechtigkeit läuft überall
wie geschmiert, und die MGs
die Pistolenhalfter und die
Polizeibarrikaden beweisen
es euch.

Charles Bukowski
Jeder zahlt drauf

Stories

Titel der Originalausgabe:
Septuagenarian Stew
Aus dem Amerikanischen von Carl Weissner
Leinen

In diesen neuen Stories von Charles Bukowski sind sie alle wieder da — die frühreifen Jungs, die jämmerlichen Säufer, die unproduktiven Dichter und die abgetakelten Frauen ... Ein Zug durch Bukowskis Welt.

Kiepenheuer & Witsch

Charles Bukowski
im dtv

Foto: Richard Robinson

Gedichte die einer schrieb bevor er im 8. Stockwerk aus dem Fenster sprang
dtv 1653

Faktotum
dtv 10104

Pittsburgh Phil & Co.
dtv 10156

Ein Profi
dtv 10188

Das Schlimmste kommt noch oder Fast eine Jugend
dtv 10538

Gedichte vom südlichen Ende der Couch
dtv 10581

Flinke Killer
dtv 10759

Nicht mit sechzig, Honey
dtv 10910

Das Liebesleben der Hyäne
dtv 11049

Pacific Telephone
dtv 11327

Hot Water Music
dtv 11462

Western Avenue
dtv 11541

Hollywood
dtv 11552

Die Girls im grünen Hotel
dtv 11731

Roter Mercedes
dtv 11780

Der Mann mit der Ledertasche
dtv 11878